curio?idad por

EL FÚTBOL BANDERA

POR THOMAS K. Y HEATHER ADAMSON

AMICUS

¿Qué te causa

curiosidad?

CAPÍTULO TRES

Jugar el juego

Curiosidad por es una publicación de Amicus
P.O. Box 227, Mankato, MN 56002
www.amicuspublishing.us

Editora: Alissa Thielges
Diseñadora de la serie: Kathleen Petelinsek
Diseñadora de libro: Lori Bye
Investigación fotográfica: Omay Ayres

Información del catálogo de publicaciones de la biblioteca del congreso
Names: Adamson, Thomas K., 1970- author. | Adamson, Heather, 1974- author.
Title: Curiosidad por el fútbol bandera / por Thomas K. and Heather Adamson
Other titles: Curious about flag football. Spanish
Description: Mankato, MN: Amicus, [2024] | Series: Curiosidad por los deportes | Includes index. | Audience: Ages 6–9 | Audience: Grades 2–3 | Summary: "Conversational questions and answers, translated into Spanish, share what kids can expect when they join a flag football team, including gear to pack, basic rules, and what the defense and offense do"—Provided by publisher.
Identifiers: LCCN 2022048072 (print) | LCCN 2022048073 (ebook) | ISBN 9781645495994 (library binding) | ISBN 9781681529172 (paperback) | ISBN 9781645496298 (ebook)
Subjects: LCSH: Football—Juvenile literature.
Classification: LCC GV950.7 .A32918 2024 (print) | LCC GV950.7 (ebook) | DDC 796.332—dc23/eng/20221006
LC record available at https://lccn.loc.gov/2022048072
LC ebook record available at https://lccn.loc.gov/2022048073

Photo credits: Alamy/ZUMA Press Inc 19; Dreamstime/ Derrick Neill 16, Sports Images 9, 15; Getty/Icon Sportswire 20–21, The Washington Post 10; iStock/ gurineb cover, 1, 11, Joseph Calomeni 7; Shutterstock/ enterlinedesign 17 (background), JoeSAPhotos 4–5, 12–13

Impreso en China

CAPÍTULO UNO

1

¿Necesitas un casco para jugar al fútbol bandera?

No. No todos los juegos necesitan un equipo completo. En el fútbol bandera no hay tacleadas. Todo lo que necesitas es una camiseta, un short y unos **botines**. En algunas **ligas**, tal vez necesites un protector bucal. Generalmente se empieza a jugar fútbol americano en la secundaria.

Muchos niños empiezan con el fútbol bandera para aprender las reglas básicas del deporte.

¿SABÍAS?

El fútbol bandera se está volviendo más popular entre las niñas. Las preparatorias y las universidades tienen equipos.

¿Por qué el balón tiene esa forma?

Porque es más fácil llevarlo y arrojarlo. Un balón **ovalado** vuela ligero por el aire. En el fútbol bandera se usan muchas jugadas de pases. Los compañeros de equipo lanzan el balón para acercarse a la **zona de anotación**. ¡Allí es donde anotas!

¿SABÍAS?

Para pasar el balón, sujeta la costura con la mano. El balón volará en espiral por los aires. Eso le ayuda a planear en línea recta.

Necesitas un brazo fuerte para arrojar lejos el balón.

CAPÍTULO DOS

¿Cuántos jugadores hay en el campo?

Entre cinco y nueve jugadores. Esto depende de la liga y la edad de los jugadores. Cada equipo tiene una **ofensiva** y una **defensa**. La ofensiva tiene el balón y trata de anotar. La defensa trata de evitar que el otro equipo anote.

Los equipos pueden ser solo de niños, solo de niñas o mixtos.

CAPÍTULO TRES

3

¿Cómo «tacleas» en el fútbol bandera?

¡Arranca la bandera del corredor! Del cinturón de cada jugador cuelgan dos banderas. La defensa trata de quitarle una bandera a la persona que tiene el balón para detenerla. No se permite empujar o sujetar al adversario.El balón se coloca allí donde se quitó la bandera.

¿SABÍAS?

Los corredores no pueden esconder o bloquear su bandera para evitar ser tacleados.

La velocidad es la mejor táctica de un jugador contra los defensores.

¿Cómo anotas un touchdown?

Metiendo el balón en la zona de anotación. Para hacer esto, la ofensiva desplaza el balón por el campo. El **mariscal de campo** puede entregar el balón o hacer un pase a un compañero de equipo. En el fútbol bandera, la ofensiva tiene cuatro jugadas para llegar a la mitad del campo. Entonces, tienen tres jugadas para anotar un touchdown.

La mariscal de campo arroja el balón a su compañera de equipo.

PUNTUACIÓN EN EL FÚTBOL BANDERA

6 PUNTOS

Touchdown

2 PUNTOS

Safety

2 PUNTOS EXTRA

Patada o pase desde las 10 yardas (después del touchdown)

1 PUNTO EXTRA

Patada o pase desde las 5 yardas (después del touchdown)

Un jugador entrega el balón para iniciar una jugada.

¿Qué sucede al inicio de una jugada?

El **centro** le entrega el balón al mariscal de campo. El mariscal de campo tiene siete segundos para hacer un pase o entregar el balón. En la defensa, los **rushers** tratan de alcanzar al mariscal de campo. Cada jugador tiene una tarea en cada jugada.

POSICIONES EN EL FÚTBOL BANDERA

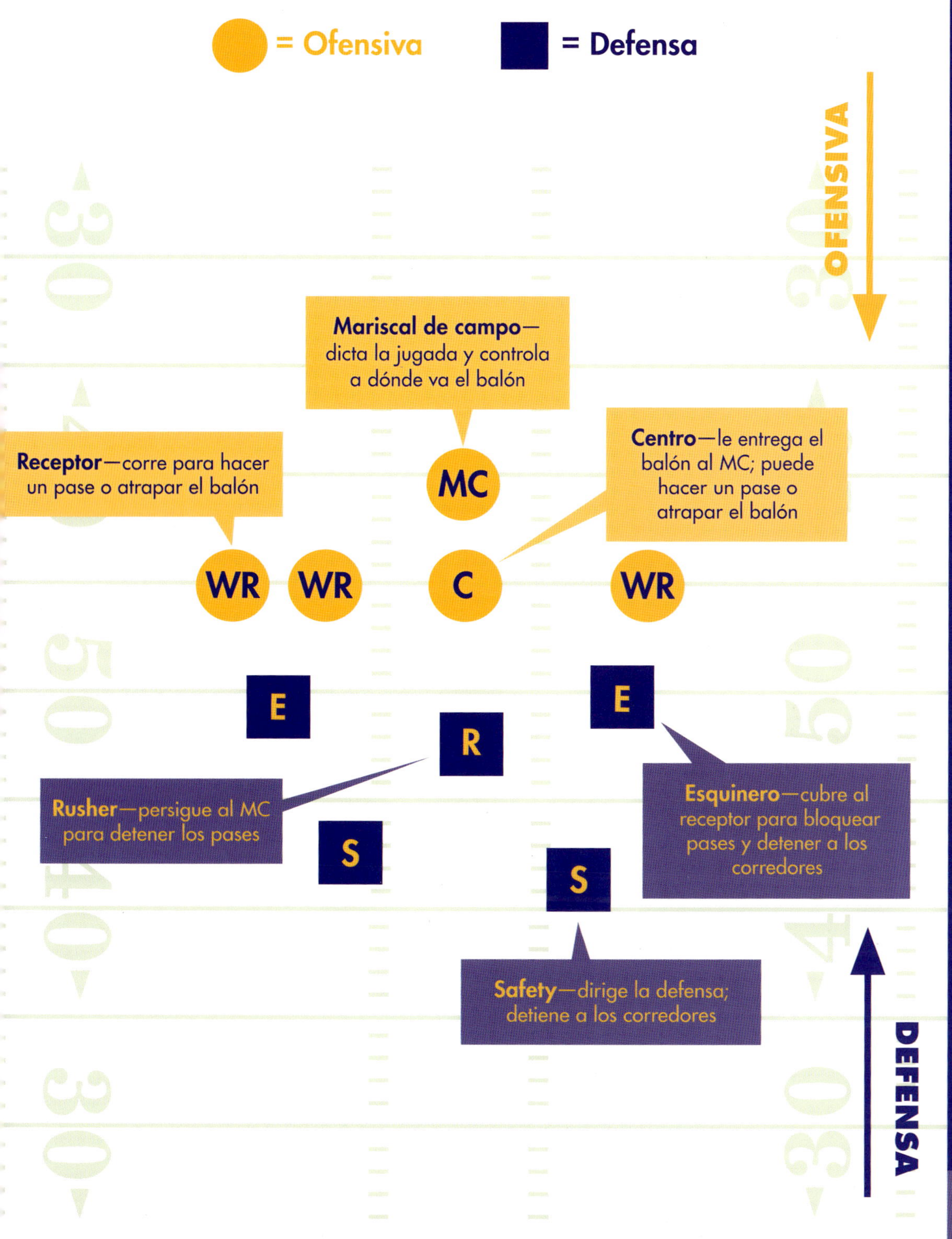

¿De qué otra manera puede la defensa detener a la ofensiva?

La defensa puede **interceptar** un pase. También trata de evitar que el corredor se acerque a ellos. Los defensores mueven sus pies con rapidez. Mantienen la cabeza levantada. Tratan de evitar que la ofensiva desplace el balón por el campo.

¿SABÍAS?
Es ilegal golpear el balón para sacarlo de las manos de otro jugador.

Un niño salta para interceptar un lanzamiento.

¿Es seguro el fútbol?

Los jugadores universitarios usan protectores y cascos para mantenerse a salvo.

En el fútbol bandera no hay golpes ni tacleadas. En el fútbol americano, los jugadores usan protectores y otro equipo de protección. A veces hay lesiones. Pero se sigue trabajando para hacer más seguro este deporte. Los entrenadores enseñan la forma adecuada de jugarlo. Sigue las reglas para jugar bien el juego. ¡Así es más divertido!

¡MANTÉN TU CURIOSIDAD!

HAZ MÁS PREGUNTAS

¿Qué pasa si a un jugador se le cae el pase?

¿Cómo encuentro un equipo en mi pueblo?

Prueba con una PREGUNTA GRANDE: ¿Cómo se mantienen a salvo los jugadores de fútbol mientras taclean?

BUSCA LAS RESPUESTAS

Busca en el catálogo de la biblioteca o en Internet.

Pueden ayudarte tus padres, un bibliotecario o un maestro.

Usar palabras clave.

Busca la lupa.

Las palabras clave son las palabras más importantes de tu pregunta.

Si quieres saber sobre:

- qué pasa si no atrapan un pase, escribe: REGLAS FÚTBOL BANDERA PÉRDIDA DEL BALÓN
- si en tu pueblo hay un equipo, escribe: LIGAS DE FÚTBOL BANDERA CERCA DE MÍ

PACKERS

GLOSARIO

botines Zapatos con tapones en la parte de abajo que evitan que el jugador resbale.

centro Un jugador de la ofensiva, en el centro de la línea, que le pasa el balón al mariscal de campo al inicio de cada jugada.

defensa El grupo de jugadores que trata de evitar que el otro equipo anote.

interceptar Atrapar un pase del otro equipo.

mariscal de campo El jugador que encabeza la ofensiva dirigiendo las jugadas y controlando a dónde va el balón.

ofensiva El grupo de jugadores que trata de anotar puntos.

ovalado Más largo en una dirección que en la otra.

rusher Un jugador de la defensa que corre alrededor de la línea de ofensiva para taclear al mariscal de campo.

zona de anotación El área en los extremos del campo de fútbol donde el balón entra para anotar puntos.

ÍNDICE

Acerca de los autores

Thomas K. y Heather Adamson son un matrimonio que ha escrito muchos libros para niños. Cuando no están trabajando, les gusta hac caminatas, mirar películas, comer pizza y, por supuesto, leer. Viven en Dakota del Sur con sus dos hijo y un perro morkie llamado Moe.